LA POLITIQUE OPPORTUNISTE

COLONIES ET POTS DE VIN

PAR

Louis de BELLEVAL

ANCIEN AUDITEUR AU CONSEIL D'ÉTAT

Prix: 30 centimes

PARIS

ARTHUR ROUSSEAU, ÉDITEUR

14, RUE SOUFFLOT, 14

1888

LA POLITIQUE OPPORTUNISTE

COLONIES ET POTS DE VIN

LA POLITIQUE OPPORTUNISTE

COLONIES ET POTS DE VIN

PAR

Louis de BELLEVAL

ANCIEN AUDITEUR AU CONSEIL D'ÉTAT

—

Prix: 30 centimes

—

PARIS

ARTHUR ROUSSEAU, ÉDITEUR

14, RUE SOUFFLOT, 14

—

1888

L'Angleterre possède des colonies qui ne lui coûtent rien et qui sont pour elle une source de richesses.

L'Allemagne, de son côté, a su se créer dans ces cinq dernières années un empire colonial considérable et plein d'avenir, sans faire aucun sacrifice d'hommes et d'argent.

Nous autres, Français, nous avons un système différent. Nos possessions d'outre-mer nous coûtent 95 millions par an et ne nous rapportent rien, sinon le choléra de temps en temps.

Il est vrai qu'en revanche, elles sont pour nos gouvernants la source d'une foule de petits profits, de pots-de-vin, etc., etc.

Je me trompe ; ce n'est pas par pots, ici, c'est par tonneaux qu'il faut compter.

Dans nos colonies, il y a un nombre beaucoup trop grand de fonctionnaires, et leurs traitements sont portés à des taux exagérés.

L'argent que l'on dépense de cette façon sert-il du moins à quelque chose ?

Non. Les fonctionnaires qui sont envoyés dans

les colonies sont choisis parmi les politiciens, les fruits secs. Ce sont presque tous des hommes d'une capacité douteuse et d'une moralité chancelante.

Lorsqu'ils ont pris possession des postes qu'on leur a assignés, ils n'ont qu'un but : s'enrichir le plus vite possible et par tous les moyens à leur portée.

Aussi les voit-on commencer par défaire tout ce que leurs prédécesseurs avaient fait, par se mettre à la tête d'entreprises qui ont pour résultat le plus clair de vider les poches des contribuables et de remplir les leurs.

Lorsqu'ils ont fait fortune, le gouvernement les rappelle en France et donne leurs places aux plus besoigneux d'entre ses amis.

On croirait que les colonies françaises ont été créées pour enrichir les créatures du gouvernement et pour ruiner les colons.

Les plaintes de ces derniers ne sont pas entendues ; l'administration se sert de mille procédés plus ou moins honnêtes pour les intercepter en route et les empêcher d'arriver jusqu'aux oreilles du peuple français.

Il est donc du devoir d'un honnête homme de faire connaître quelques-uns de leurs griefs.

On s'imagine en France que l'Algérie est un pays bien administré, que ses budgets se soldent toujours par des excédents, et que les Arabes bénissent la domination française.

Ce sont là des préjugés soigneusement entretenus par les intéressés, c'est-à-dire par les fonctionnaires opportunistes et par les quarante-cinq mille Juifs algériens qui ont transformé le pays en un fief dont ils sont les maîtres absolus.

On se rappelle encore le voyage que Messieurs les députés ont fait, il y a un an et demi, aux frais des contribuables, bien entendu.

On s'est amusé, on a fait de bons repas, on a courtisé des petites femmes d'humeur facile, et on est revenu enchanté de l'excursion, se disant que l'Algérie était un pays admirable et que ses fonctionnaires étaient des hommes charmants.

Bien entendu, le gouvernement a eu soin de ne laisser voir aux députés que ce qu'il voulait ; ces derniers, habitués depuis longtemps à prendre des vessies pour des lanternes, ont cru aisément toutes les fables qui leur ont été contées.

Pendant que les députés se promenaient, M. Jules Ferry, de son côté, allait rendre visite à ses bons amis, les Juifs algériens, pour leur demander si leur trafic marchait bien, s'ils étaient toujours contents.

En même temps, il les félicitait de la manière dont ils plumaient les Arabes, et les exhortait à continuer.

M. Jules Ferry pourrait, mieux que tout autre,

nous renseigner sur ce que l'Algérie coûte à la France.

C'est lui, en effet, qui est le principal auteur des célèbres décrets, dits décrets de rattachement, du 5 septembre 1881.

Avant cette époque, il y avait un budget spécial pour l'Algérie, et on pouvait facilement se rendre compte de la situation de ses finances.

M. Jules Ferry a détruit ce budget, ou plutôt, il l'a découpé en une dizaine de morceaux. Chacun desdits morceaux a été attribué à un ministre.

En agissant ainsi, M. Ferry avait un double but :

1° Rendre plus difficile aux gens clairvoyants ou soupçonneux la recherche des exactions qui sont commises journellement en Algérie, et permettre au déficit de s'installer à perpétuelle demeure dans les finances algériennes, sans qu'on s'aperçoive de sa présence.

2° Donner à chaque ministre une part du gâteau, lui mettre entre les mains un moyen de gagner de l'argent sans être inquiété.

Ce que M. Ferry a prévu est arrivé.

Aujourd'hui, les recettes de l'Algérie ne suffisent à couvrir que les trois cinquièmes de ses dépenses.

C'est le budget de la France qui est obligé de combler le déficit.

Or, ce déficit ne s'élève pas à moins de *trente millions* par an.

Et notez que nous ne comprenons pas dans les

dépenses de l'Algérie les frais de l'occupation militaire.

La situation financière est tellement mauvaise qu'aujourd'hui l'Algérie est incapable, avec ses propres ressources, de construire même de simples chemins vicinaux.

Pour lui permettre d'accomplir cette besogne nécessaire, il a fallu que la France lui donnât une subvention de 35 millions.

Et encore, n'est-ce là qu'un commencement.

A cette subvention en succéderont forcément d'autres, plus considérables encore.

Le déficit formidable qui existe dans le budget algérien est destiné à s'accroître pour les deux motifs suivants :

1° Parce que chaque année le nombre des fonctionnaires algériens augmente.

2° Parce que le gouvernement a pris l'habitude de concéder chaque année un certain nombre de kilomètres de chemins de fer à des Compagnies plus ou moins interlopes.

Ces chemins de fer traversent des pays déserts où tout élément de trafic fait défaut.

Aussi les Compagnies exigent-elles du gouvernement la promesse d'une garantie d'intérêts.

C'est-à-dire que notre budget, autrement dit l'argent des contribuables, servira à donner aux Compagnies 5 0/0 de l'argent employé à la construction d'une ligne improductive.

Dans un marché de cette nature, ce sont des asso_
ciations véreuses qui gagnent, et la France qui
perd.

Le gouvernement, lui, n'a rien à mettre au jeu.

Mais s'ensuit-il de là que de pareilles transac-
tions ne lui soient pas très avantageuses ?

Ce serait bien mal connaître nos gouvernants.

Dans les pourparlers engagés entre eux et des
personnages plus ou moins équivoques, il se passe
des choses qu'on devine.

Pour conclure des conventions aussi nuisibles
aux intérêts du pays, il faut y être poussé par quelque raison puissante.

Cette raison se présente sous forme de bonnes
espèces sonnantes et trébuchantes, allouées à titre
gracieux à nos gouvernants, qui se gardent bien de
les refuser.

Voilà ce que gagne le gouvernement dans ces
marchés.

Le pays, lui, y perd chaque année treize millions,
employés en garanties d'intérêts aux chemins de
fer algériens.

Dans quelques années, ce n'est pas treize, mais
vingt-deux millions qu'il perdra, lorsque les chemins de fer concédés en 1885 et 1886 auront été
construits.

Les Opportunistes ne se contentent pas de dépenser inutilement l'argent du pays. Ils accablent de
vexations de toutes sortes les colons français et les

Arabes ; ils réservent leurs faveurs pour les étrangers et les Israélites.

Aussi, au dernier recensement, a-t-on constaté une augmentation considérable du nombre des étrangers et des Israélites.

Il y a aujourd'hui en Algérie 205.000 étrangers, tandis que le nombre des Français s'élève à 220.000 seulement.

On peut prévoir dès maintenant le jour où les étrangers l'emporteront sur les Français.

Déjà la province d'Oran compte un plus grand nombre d'Espagnols que de Français.

Les étrangers ont sur nos colons une grande supériorité, résultant de ce qu'ils ne sont pas astreints aux charges du service militaire et de ce qu'ils ne sont pas obligés d'avoir une opinion politique.

Ils ne sont pas électeurs ; on les laisse donc tranquilles, et ils ne sont l'objet d'aucune tracasserie.

Cette situation privilégiée des étrangers sur le sol algérien a provoqué de la part de nos nationaux les récriminations les plus vives.

Mais les colons français ont beau réclamer ; on ne les écoute jamais.

La Chambre s'est faite à cet égard la complice du gouvernement.

Il y a un certain nombre de lois dont l'adoption serait nécessaire pour permettre aux Français de tenir en respect la concurrence étrangère et de tirer parti des richesses naturelles de l'Algérie.

Ces lois, elles ont été présentées depuis longtemps à la Chambre, qui se garde bien de s'en occuper.

Pour donner à la colonisation française une extension sérieuse, il faudrait que l'Etat vendît aux particuliers les 780.000 hectares qu'il possède et dont il ne sait tirer aucun parti.

Pour empêcher les étrangers de venir s'installer en grand nombre chez nous et prendre possession des terres les plus fertiles et les mieux situées, il faudrait une loi sévère sur la naturalisation.

Il faudrait mettre les étrangers en présence de cette alternative : accepter la nationalité française avec toutes les charges qui en découlent, ou quitter le territoire algérien.

Notre grande colonie serait ainsi débarrassée de tous les bandits exotiques qui ont donné à certaines parties de son territoire la plus fàcheuse renommée.

Une autre réforme que les colons attendent impatiemment, c'est la création de banques qui leur procureraient de l'argent à bon marché.

Mais cela ne ferait pas l'affaire des Israélites.

On sait que l'usure, pratiquée sur la plus vaste échelle, est le principal moyen d'existence des protégés de M. Jules Ferry.

Les institutions de crédit nécessaires à l'Algérie lui feront donc éternellement défaut, parce que telle est la volonté des Israélites, et parce que les députés de l'Algérie obéissent docilement à tout ce que les Juifs leur commandent.

Or, parmi les principes de conduite de ces derniers, il en est un particulièrement dangereux pour l'avenir de l'Algérie.

Les Israélites s'expriment de la façon suivante :

« Il devra toujours exister entre les Arabes et les
« Français une séparation absolue. Les Arabes,
« c'est notre chose, notre bien ; nous les exploitons ;
« ils sont pour nous une matière taillable et cor-
« véable à merci. Le jour où il se ferait entre les
« Français et les Arabes un rapprochement sérieux,
« ce jour-là notre principale source de profits serait
« tarie.

« Il faut donc qu'entre le Français et l'Arabe le
« besoin d'un intermédiaire se fasse toujours sen-
« tir. »

Les Juifs algériens ont donc travaillé de toutes leurs forces à maintenir chez les Arabes des sentiments de défiance et d'hostilité à notre égard.

Ils n'ont que trop bien réussi.

Depuis quelques années, il s'est produit dans les populations musulmanes une évolution très dangereuse.

Elles se sont groupées en associations qui s'intitulent Congrégations et se parent du prétexte de la religion, mais qui en réalité sont le noyau de futures armées.

Ces congrégations sont au nombre de 16.

Elles comptent 170.000 adhérents.

Au jour où un danger menacera la France, ce sera 170.000 insurgés à combattre.

Voici donc quels sont les résultats de la politique adoptée par les Opportunistes :

1° Les finances de l'Algérie tombées dans un désarroi effrayant ; les dépenses qui bientôt seront le double des recettes.

2° Les étrangers qui prennent la place de nos nationaux.

3° Les lois nécessaires qui attendent que la Chambre veuille bien s'occuper d'elles.

Les colons français ne se font d'ailleurs plus d'illusions sur la façon dont leurs députés travaillent.

Que peut-on espérer d'un Parlement qui a mis dix ans à élaborer une loi sur les forêts ?

Un projet présenté par le gouvernement en 1875 n'est devenu loi que le 26 décembre 1885. Pendant toute la durée du ministère Ferry, on l'a laissé dormir dans les cartons ; c'est seulement après la chute de Ferry qu'il a revu le jour.

4° Enfin le mécontentement qui chaque jour augmente chez les populations arabes, irritées de se voir condamnées à être la proie de quarante-cinq mille Israélites.

Ce mécontentement se traduira un jour par une formidable insurrection.

Si de l'Algérie, nous passons à la Tunisie, le spectacle change ; mais, dans son genre, il est aussi lamentable.

Le résident français de Tunis reçoit continuellement des plaintes contre les fonctionnaires incapables que le gouvernement a nommés.

A la Chambre les pétitions affluent, mais sans succès.

Les Français qui ont eu la malencontreuse idée d'aller s'établir en Tunisie, adressent au gouvernement depuis plusieurs années deux reproches principaux, toujours les mêmes:

1o Ils accusent les Opportunistes de mettre des obstacles au développement de l'agriculture et de l'industrie.

Au lieu, en effet, de favoriser l'entrée en France des produits tunisiens, on les soumet à des droits de douane exorbitants.

Au lieu de les traiter comme les produits algériens, on leur applique les droits indiqués dans le tarif général, tarif qui, ainsi qu'on le sait, est employé seulement vis-à-vis des nations avec lesquelles nous n'avons pas de traité de commerce.

De cette prohibition ridicule découlent deux conséquences également fâcheuses :

La première, c'est que la Tunisie, ne pouvant trouver dans la France une cliente, s'adresse à l'Italie.

La seconde, c'est que les Français qui étaient venus habiter la Tunisie se découragent, retournent en France et cèdent la place aux Italiens.

Avant le traité qui a établi le protectorat de la France sur Tunis, il n'arrivait guère dans la régence que 500 Italiens par an.

Dans les trois dernières années, 5.000 Italiens sont débarqués à Tunis.

La Tunisie est donc en train de devenir tout doucement une colonie italienne, avec cette différence, toute à l'avantage de l'Italie, que ce sont les Français qui paient tous les frais de l'administration.

2º Le second grief des colons français met en cause, non plus seulement la capacité, mais encore l'honnêteté du gouvernement.

Il s'agit encore de cette célèbre compagnie de Bône-Guelma qui a déjà si souvent fait parler d'elle.

L'Opportunisme est en train de lui inféoder la Tunisie tout entière et de lui concéder le monopole des chemins à y construire.

Nous avions toujours cru qu'avec la concurrence on avait les transports à meilleur marché, et que par conséquent il était du devoir d'un gouvernement démocratique d'empêcher la constitution d'un monopole en pareille matière.

Les Opportunistes sont d'un avis opposé, sans doute parce que ceux qui réclament le privilège exclusif de pouvoir transporter les voyageurs et les marchandises d'un pays, ont l'habitude d'appuyer leur demande avec certains arguments.

Ces arguments, on devine de quelle nature ils sont.

Sur un Opportuniste, leur effet est infaillible.

Voilà donc très probablement pourquoi la Compagnie de Bône-Guelma va devenir maîtresse de la Tunisie.

Que reste-t-il donc aux malheureux agriculteurs tunisiens, victimes de l'incurie des uns, et de la malhonnêteté des autres ?

Il leur reste M. Charles.

M. Charles est un ancien vétérinaire du département de la Somme, un ancien agent électoral de M. Dauphin.

Ce dernier n'a pas la main heureuse. Un de ses protégés, qu'il avait fait nommer juge de paix à Pont-Sainte-Maxence, n'a-t-il pas été condamné aux travaux forcés pour vol avec effraction, suivi de tentative d'assassinat ?

M. Charles a du moins le mérite de n'avoir pas suivi cet exemple. Il ne s'est encore distingué que par la prodigieuse incapacité qu'il a déployée dans les fonctions à lui octroyées par M. Dauphin.

Ce dernier, pour venir en aide aux agriculteurs tunisiens, imagina de nommer M. Charles inspecteur d'agriculture en Tunisie.

Envoyer un vétérinaire picard pour enseigner aux cultivateurs tunisiens à se défendre contre les ravages du phylloxera, c'était une mauvaise plaisanterie.

Les plaisanteries les plus courtes sont les meilleures, dit un proverbe.

Malheureusement pour la Tunisie, il n'en fut pas ainsi.

En dépit des protestations des colons, on laissa M. Charles en fonctions.

Il en profita pour trouver un nouveau remède

contre le phylloxera : c'était d'encourager par tous les moyens possibles la propagation des chèvres, « le fléau de l'agriculture en Tunisie » disent les pétitions dont M. le Résident général a été accablé à cette occasion.

Avec de pareils procédés d'administration, avec de semblables fonctionnaires, on ne fait pas prospérer les colonies, on les ruine, et on les fait tomber entièrement à la charge de la Métropole.

Nous avons, hélas ! des exemples de ce que sont devenues plusieurs de nos meilleures colonies entre des mains incapables et malhonnêtes.

La Réunion est en complète décadence. Sa population décroît avec une rapidité effrayante. — Depuis dix-sept ans, elle a perdu quarante mille habitants, tandis que la colonie anglaise voisine, l'île Maurice, voit sa prospérité augmenter de jour en jour.

A quoi tient cette différence ?

Tout simplement à la politique tracassière, brouillonne et dépensière, suivie par le gouvernement à la Réunion.

Le Budget de cette malheureuse colonie est obéré pour longtemps, par suite de travaux publics mal conçus et déplorablement exécutés.

Des sommes considérables ont été gaspillées pour faire un chemin de fer, qui ne sera jamais terminé, et un port qui ne pourra jamais rivaliser avec ceux de l'île voisine,

Parmi les travaux d'art auxquels a donné lieu la construction du chemin de fer, nous pouvons citer un tunnel de 10 kilomètres, presque la longueur de celui du Mont-Cenis.

En même temps que les ressources de notre colonie étaient gaspillées ainsi dans des entreprises improductives, le produit des impôts était détourné de sa destination par un fonctionnaire considérable qui est devenu légendaire au Conseil d'Etat.

Pour acquitter entièrement des dépenses faites sans profit pour elle, notre colonie de la Réunion sera obligée de supporter pendant longtemps une annuité de 1.200.000 francs.

Quoi d'étonnant, dans ces conditions, que le commerce de la Réunion avec la France perde chaque année de son importance ?

Il n'y a qu'une chose qui ne diminue pas, ce sont les appointements des fonctionnaires.

La France a le privilège de payer plus cher que tous les autres pays de l'Europe les hommes qu'elle envoie dans ses possessions d'Outre-mer.

Nulle part on n'a vu d'administrations plus dispendieuses.

La Martinique est égale, comme superficie, à un arrondissement français.

On y dépense en frais d'administration *deux fois* plus qu'à la Jamaïque, et pourtant cette dernière est *douze fois* plus grande.

A la Martinique, trois fonctionnaires et les trois bureaux qui sont placés sous la dépendance immédiate desdits fonctionnaires, coûtent 280.000 francs.

Et ce n'est encore rien en comparaison des prodigalités dont l'Indo-Chine est le théâtre.

Aux appointements des cinq fonctionnaires principaux, on ne consacre pas moins de 375.000 francs.

Notez que sur les cinq fonctionnaires, il y en a au moins trois d'inutiles.

Mais on se gardera bien de supprimer leur emploi.

Jamais, en effet, un parti composé de gens peu scrupuleux n'ira sacrifier trois de ses amis, pour réaliser une économie qui profiterait au pays.

Ce serait d'ailleurs aller directement contre le but de la politique coloniale.

L'objet de celle-ci n'est en effet que d'enrichir quelques politiciens.

Nous avons à cet égard un aveu précieux de M. Chailley, le gendre de Paul Bert. Son témoignage a d'autant plus de valeur qu'il est resté pendant un an au Tonkin et qu'il parle de choses qu'il connaît.

« Il n'y a, dit-il, que les gros capitalistes qui puissent y réussir. »

Pour être complet, M. Chailley aurait dû ajouter qu'à côté des gros capitalistes français, les Allemands ont su se tailler une belle part.

En 1886, 124 navires portant le pavillon allemand sont entrés dans les ports du Tonkin.

Voilà donc pourquoi 400 millions ont été dépensés, et 38,000 soldats sont morts.

Voilà pourquoi chaque année la France vote une subvention de 20 millions.

M. Ferry sème l'or et le sang français, et c'est M. de Bismarck qui récolte.

Cette situation n'est pas particulière au Tonkin.

Elle s'est produite également à Madagascar. Les relations commerciales de cette île avec Hambourg se sont développées dans des proportions très inquiétantes.

Il y a quatre ans, la ville de Hambourg vendait aux Hovas pour deux millions de produits.

Aujourd'hui le total de ses ventes atteint le chiffre de six millions.

Madagascar et le Tonkin seraient-ils destinés à devenir un jour pour l'Allemagne ce que la Tunisie, si l'on n'y met bon ordre, sera demain pour l'Italie ?

Nous n'osons pas formuler de conjectures à cet égard. Mais il y a dans l'ensemble des faits que nous venons d'énumérer des symptômes inquiétants.

Une colonie qui, en tout cas, ne tentera jamais personne et où par conséquent la France a gardé jusqu'ici la prépondérance commerciale, c'est le Sénégal.

Le climat est tellement insalubre que les habitants des autres parties de l'Afrique ne peuvent même pas s'y acclimater.

Il y a quelques années, on fit venir au Sénégal une centaine de nègres du Gabon, pays qui n'est pourtant pas renommé pour l'excellence de son climat.

Au bout de la première année, plus de la moitié d'entre eux étaient allés dans un monde meilleur, un monde où l'on n'a jamais entendu parler d'Opportunisme et de Politique coloniale.

Les seules entreprises qui auraient chance de réussir au Sénégal sont celles des pompes funèbres.

La Chambre le sait parfaitement, mais cela ne l'a pas empêchée de prêter les mains à une de ces mystifications qui, dans les pays où il y a encore une justice, se terminent sur les bancs de la police correctionnelle.

Nous voulons parler du chemin de fer de Bafoulabé.

A entendre les promoteurs de cette fumisterie, ce chemin de fer aurait eu pour résultat de mettre le Sénégal en communication avec des pays d'une richesse prodigieuse, des pays où un agriculteur ferait fortune en quatre ans.

Les terres situées au sud du Niger étaient, disait-on, un nouvel Eden.

Lorsque les explorateurs français y pénétrèrent, ils s'aperçurent qu'il n'en était pas tout à fait ainsi et que ces terres, si vantées, égalaient le Sahara en stérilité.

Mais, avant que cette découverte eût été faite, on avait commencé la construction du chemin de fer de Bafoulabé.

On n'en avait achevé qu'un très petit nombre de kilomètres et déjà quelques millions avaient été dépensés.

Dire qu'ils avaient été scrupuleusement employés à poser des rails et à élever des remblais, ce serait s'avancer beaucoup.

En thèse générale, ces travaux de construction sont excellents comme prétextes pour dépenser de l'argent.

Cela permet à certaines gens d'emplir leurs poches sans éveiller les soupçons.

Les constructions de Chemins de fer sont pour les Opportunistes ce que les rassemblements sont pour les pickpockets.

Pourtant, ce qui se passa au Sénégal fut tellement scandaleux que la Chambre elle-même se vit forcée par l'opinion publique d'intervenir, et de donner l'ordre de suspendre les travaux.

Ici se place un fait sans précédent.

Les travaux furent continués et continuent encore aujourd'hui.

Pour expliquer ce fait, il faut supposer que la Chambre a joué double jeu.

A la France indignée elle a dit : « J'ai été trom-
« pée, mais je ne le serai plus. Ce gaspillage hon-
teux va cesser. »

Aux entrepreneurs du Chemin de fer, elle a fait dire par quelques hommes sûrs :

« Continuez. Nous fermerons les yeux. Quand
« le Chemin de fer sera achevé, la France paiera.
« Nous nous en chargeons. »

Les députés se disent que le Sénégal est bien loin et qu'on ne peut pas connaître ce qui s'y passe.

Ils devraient pourtant savoir que tôt ou tard la vérité finit par se découvrir.

C'est ce qui est arrivé en Guyane et en Nouvelle-Calédonie.

Ces deux colonies sont chargées de recevoir les condamnés aux travaux forcés.

Il paraît que la peine des travaux forcés s'exécute d'une manière singulière, si nous en croyons les révélations de M. Léveillé pour la Guyane, et de M. Moncelon pour la Nouvelle-Calédonie.

M. Léveillé est un des professeurs les plus distingués de la Faculté de Droit de Paris. Malgré ses attaches avec le parti opportuniste, il a eu le courage, bien rare à notre époque, de dire à ses amis ce qu'il pensait de leur administration.

D'après M. Léveillé, il serait parfaitement possible d'assainir la Guyane et de la rendre productive.

Seulement, pour cela il faudrait opérer des travaux de défrichements.

Autrement dit, il suffirait de faire travailler messieurs les condamnés.

Mais c'est là une extrémité à laquelle l'Administration n'a encore pu se résoudre.

M. Léveillé rencontra un jour un forçat qui, mollement couché sur l'herbe, était en train de goûter les douceurs du sommeil.

« Pourquoi ne travaillez-vous pas? » lui demande M. Léveillé.

« — Je serais bien sot de travailler, lui répond le
« forçat. C'est le budget français qui me paie. A
« l'heure qu'il est, tous les paysans de France tra-
« vaillent pour nous. Ils amassent de quoi payer
« les impôts dont le produit nous fait vivre. »

Si, à la Guyane, les condamnés passent leur
temps à dormir, en revanche l'administration tra-
vaille.

Mais à quoi ?

A planter et à déplanter des caféiers.

Les gouverneurs qui se succèdent à la Guyane
tous les dix-huit mois ont chacun leur idée arrêtée
sur la question des caféiers.

D'après les uns, la culture du café à la Guyane
n'est pas susceptible de réussir. Il ne faut pas l'encourager.

D'après les autres, c'est au contraire cette culture
qui fera la fortune de notre colonie.

Aussi, quand un gouverneur arrive à la Guyane,
son premier soin est de faire planter des caféiers
si son prédécesseur était un adversaire de cette
culture ; dans le cas contraire, il fera arracher les
caféiers plantés par celui qu'il remplace.

A la Nouvelle-Calédonie, les forçats sont encore
plus heureux qu'à la Guyane. Ils n'ont pas seulement la permission de ne rien faire ; ils ont celle
de travailler pour leur propre compte.

Un condamné aux travaux forcés à perpétuité reçoit une concession au bout de quatre ans. Dès ce moment, il peut se considérer comme libre.

« Il mène, nous dit M. Moncelon, une existence « beaucoup plus heureuse que celle des trois quarts « des Français. »

Le témoignage de M. Moncelon ne saurait être suspect. M. Moncelon a vécu onze ans à la Nouvelle-Calédonie. Il a été élu par ses concitoyens délégué au Conseil supérieur des colonies.

Le fonctionnarisme exerce ses ravages en Nouvelle-Calédonie aussi bien que dans nos autres Colonies.

En voici un exemple :

Il existe dans les environs de Nouméa un certain nombre d'agences de culture. Ce sont, soi-disant, des fermes-modèles.

Les agents qui les dirigent sont payés par le gouvernement. Ils reçoivent 7.000 francs, et ont droit en outre à des avantages en nature de toute espèce.

Ils sont logés. On leur donne de plus une voiture et des domestiques pour leur usage personnel.

Tout cela, à nos frais, bien entendu.

La culture est tellement mal dirigée qu'on arrive dans ces prétendues fermes-modèles, à produire des haricots à un franc le pied.

L'argent qu'on gaspille ainsi ne serait-il pas mieux employé à faire des travaux de voirie à Nouméa et à exécuter des routes à l'intérieur de l'île ?

Les rues à Nouméa sont de véritables fondrières.

Quant au reste de l'île, les chemins n'existent pas.

Tout cela, parce que les forçats ont des concessions et n'exécutent pas les travaux auxquels pourtant on devrait les employer, en vertu de la loi de 1854.

Si nous voulions parler de tous les abus qui existent dans les Colonies, la liste en serait longue.

Il y en a pourtant un qui ne saurait être passé sous silence.

Si habitué que l'on soit aux turpitudes du monde parlementaire, on n'en est pas moins saisi encore d'un profond dégoût, chaque fois que l'on lit au *Journal officiel* : « M. X., député, est nommé gouverneur de colonie. »

Les Sénateurs et Députés qui trafiquent de leur mandat pour obtenir des positions lucratives, deviennent de jour en jour plus nombreux.

Naguères, c'était M. Albert Grévy qui se faisait nommer gouverneur civil de l'Algérie.

Hier, c'était M. Papinaud qui sollicitait le poste de Nossi-Bé.

Aujourd'hui, c'est M. Maurel qui imite cet exemple.

Leurs électeurs doivent s'apercevoir qu'ils ont été indignement joués, et qu'on s'est servi d'eux comme de marchepieds.

Cela apprendra aux électeurs de l'Aude ce qu'il

en coûte de voter pour des Opportunistes, et aux électeurs du Var ce que valent les individus qui s'intitulent Radicaux.

Dans le cas qui nous occupe, la conscience du Radical s'est montrée aussi élastique que celle de l'Opportuniste.

Mais il ne faut pas croire que c'est l'appât d'un traitement de 25.000 francs qui a décidé ces messieurs à déserter leur mandat.

Dans l'administration coloniale, à côté des traitements qu'on voit, il y a les pots de vin qu'on ne voit pas, mais qu'on devine.

Et c'est ce qui explique pourquoi la perspective d'un poste important dans une Colonie a tant d'attraits aux yeux de certains députés.

Mais, assez sur ce sujet nauséabond.

Il y a un autre côté de la question coloniale qu'il importe d'examiner.

A côté des hontes, il y a aussi les dangers.

On a bien pu chasser M. Ferry du Ministère, mais les hommes qui lui ont succédé n'en ont pas moins continué à suivre la même politique.

Vainement le pays a manifesté les 4 et 18 octobre 1885 sa volonté ferme d'en finir avec les abus qui règnent dans l'administration de nos colonies.

Nos gouvernants, suivant leur habitude, n'ont tenu aucun compte du jugement que le Suffrage universel venait de prononcer.

Au contraire. Il semble qu'ils se soient proposé de rendre au pays défi pour défi.

Après le Tonkin, ont surgi les questions de Madagascar et des Nouvelles Hébrides.

M. de Freycinet a conclu dans ces deux occasions des traités lamentables.

Chacun de leurs articles est vague, obscur, ambigu et prête à deux interprétations absolument opposées.

M. de Freycinet aurait voulu nous créer des difficultés pour l'avenir, il aurait reçu de l'argent des pasteurs méthodistes de Madagascar ou des gros banquiers de Melbourne, qu'il n'aurait pas agi différemment.

Des traités de M. de Freycinet, il surgira un jour de graves complications que la diplomatie sera peut-être impuissante à résoudre pacifiquement.

Nous ne sommes donc pas au bout des déboires que nous causera la politique coloniale dont M. Ferry a été le promoteur.

Pour justifier ses actes, le chef du parti opportuniste a prononcé cette phrase célèbre : « Les colo- « nies sont nécessaires à un pays pour donner des « débouchés à son commerce. »

Cette théorie est vraie pour l'Angleterre dont les colonies sont bien situées, jouissent d'un climat favorable et possèdent une population nombreuse et civilisée.

Mais pour nous qui avons pour colonies les pays dont aucune nation européenne ne voulait, la situation est différente.

Nos colonies, loin de constituer pour notre industrie et notre agriculture des débouchés sérieux, restreignent au contraire les débouchés que nous possédions.

Elles sont dans beaucoup de cas un obstacle à l'écoulement de nos marchandises. — Voici pourquoi :

Pour payer les 95 millions que nous coûte par an la politique coloniale, il faut que le pays paie 95 millions d'impôts de plus.

Or ces impôts ont pour résultat d'augmenter le prix de revient de nos marchandises.

Il en résulte que nous ne pouvons pas produire à aussi bon marché que nos concurrents étrangers.

Aussi nos colonies préfèrent-elles acheter aux Anglais ou aux Allemands les denrées et les objets dont elles ont besoin.

L'ensemble du mouvement commercial des colonies françaises s'élève à 475 millions, sur lesquels il y en a 196 seulement pour la France contre 279 pour les étrangers.

Au Tonkin, sur 28 millions d'importations, il y a 6 millions seulement de marchandises françaises.

En Algérie même, nous sommes battus.

Sur 4.358.000 tonnes de marchandises entrées dans les ports algériens, 1.854.000 seulement y sont entrées sous pavillon français. 2.504.000 portaient le pavillon étranger.

Ce sont donc les Anglais et les Allemands qui profitent des sacrifices que le peuple français s'impose.

Cette duperie ne saurait durer plus longtemps.

Le moyen de la faire cesser, ce serait d'alléger le Budget colonial et de changer le personnel administratif.

Il faudrait :

1º Supprimer un grand nombre d'emplois inutiles.

2º Réduire le traitement des fonctionnaires restants.

3º N'envoyer dans les Colonies que des hommes capables et honnêtes, et les y laisser assez longtemps pour qu'ils puissent connaître les besoins et les désirs des colons.

Les Anglais laissent leurs fonctionnaires quinze, vingt ans dans le même endroit.

Dans les colonies françaises, un fonctionnaire qui occupe trois ans le même poste est regardé comme une bête curieuse.

Pour réaliser ces réformes, il suffit de se pénétrer de cette idée : c'est que les fonctionnaires sont faits pour les colonies, et non les colonies pour les fonctionnaires.

Mais il faut être bien naïf pour s'imaginer que les Opportunistes renonceront de gaieté de cœur à un système qui ruine le pays, ce dont ils se moquent, mais qui les enrichit, ce qui est pour eux la principale affaire.

Si l'on veut que les Colonies, au lieu de nous coûter des sommes considérables, comme aujourd'hui, apportent à notre pays un contingent de richesses, il faut que les membres du gouvernement actuel soient rendus à la vie privée.

Et, pour cela, il suffit qu'aux prochaines élections on adopte ce mot d'ordre:

A bas les Voleurs

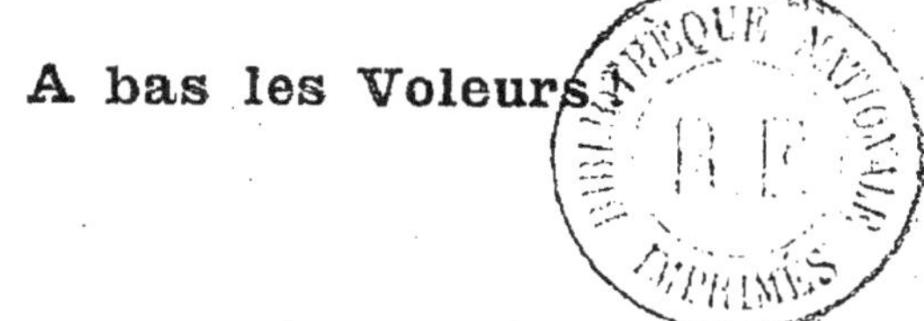

Imprimerie ALLART et Cie, à Montdidier.

Sommes-nous en République ?

2 vol. in-18..............   **7 fr.**

Le Complot contre le Suffrage universel

Brochure in-18..........   0,30

Imprimerie ALLART et Cⁱᵉ, à Montdidier.